AF331557

L'ACTE D'ACCUSATION

DU

MARÉCHAL BAZAINE

PARIS

A LÉVY LIBRAIRE-ÉDITEUR

16, rue du Croissant, 16.

—

1872

L'ACTE D'ACCUSATION

DU

MARÉCHAL BAZAINE

C'est au tribunal compétent, institué par les représentants de la nation trahie, qu'il appartient de publier cette pièce vengeresse. Pour nous, témoin des événements qui se sont accomplis à Metz durant l'investissement de cette place, nous qui avons assisté à toutes les péripéties de ce lugubre drame et vécu dans les camps comme à la ville, recueillant heure par heure les preuves du crime, sans pouvoir les dévoiler, nous venons aujourd'hui mettre au jour la trame ténébreusement ourdie par le maréchal Bazaine, en présence de cette France qu'il a perdue.

Au début de la guerre, le maréchal Bazaine fut appelé au commandement du 3e corps de l'armée du Rhin, formé en grande partie de régiments du Mexique, tenant en faible estime la moralité de leur ancien chef, mais confiants dans ses talents militaires.

En outre, il eut le commandement provisoire des forces réunies à Metz jusqu'à l'arrivée de Napoléon III.

Le 3e corps, parti le 24 août pour Boulay et Bouzonville, vint remplacer, le 31, le 2e corps à Saint-Avold; le 3, il était à Forbach, sans avoir pris part à l'échauffourée de Spickeren; le 6, ses divisions se promenaient dans les villages situés près de la frontière sans autre but apparent que celui de fatiguer nos soldats, tandis que serré de près par la 13e division prussienne, le général Frossard opérait sa retraite dans le plus grand désordre.

Bien que ce dernier eût déclaré, au début de l'action, n'avoir besoin d'aucun secours, le devoir du maréchal eût été cependant de marcher au canon ; il se crut quitte avec un mot cruel à l'adresse du gourverneur impérial.

Arrivé le 6 au soir à Saint-Avold, il attendit l'ennemi dans une situation excellente pour lui barrer la route et peut-être prendre une revanche de la défaite du 2e corps ; mais, dès qu'il reçut la nouvelle de son approche, il se retira lentement sur Metz, sans même prendre la peine de détruire la voie ferrée dont les Allemands allaient se servir pour amener leurs troupes et leur matériel.

Cette conduite fut vivement critiquée au grand quartier général, où il fut même accusé de trahison par un des hauts personnages de l'entourage du prince.

Le 12 août, Napoléon III comprenant qu'il ne pouvait conserver une autorité dont il avait fait un si désastreux usage, cédant surtout à la pression du Corps législatif, la transmet au maréchal Bazaine. Nous ne faisons point ici le procès de l'Empire, nous nous abstiendrons donc d'exposer les motifs qui auraient dû empêcher Napoléon III de confier les destinées de la France à l'homme du Mexique.

Le lendemain, le maréchal entrait en possession de son commandement et prenait, à contre-cœur il est vrai, pour chef d'état-major le général Jarras !

L'ennemi nous entourait déjà de trois côtés, une seule route restait libre pour la retraite vers la Champagne : celle de Verdun. Il fut décidé que, le lendemain, l'armée battrait en retraite par les deux routes de Mars-la-Tour au sud et d'Etain au nord.

Le maréchal avait-il réellement l'intention de quitter Metz ? Il est permis d'en douter fortement, lorsqu'on le voit choisir ces deux routes, négligeant celle de Briey, qui était libre, puisque le courrier de la poste faisait encore son service entre Metz et cette localité, et qui lui eût été si utile pour débarrasser l'armée des convois immenses qui allaient embarrasser sa marche, la retarder et permettre à l'ennemi de nous couper la retraite.

En outre, au lieu de commencer le mouvement dans la journée du 13, les premières colonnes ne s'ébranlèrent que le 14 à onze heures du matin ; c'était perdre de parti-pris une avance de vingt-quatre heures plus que suffisante pour gagner l'ennemi de vitesse.

Celui-ci, qui nous surveillait de près, ne s'y méprit point ; il sentit l'importance qu'il y avait de donner au prince Frédéric-Charles le temps de passer la Moselle et de nous couper la route; aussi, vers trois heures, l'armée de Steinmetz attaqua-t-elle avec vigueur les 3ᵉ et 4ᵒ corps restés les derniers et força-t-elle une partie de l'armée à faire volte-face.

Nos troupes, bien dirigées par les généraux Decaen et Ladmirault, furent admirables d'entrain; elles repoussèrent l'attaque et, après un combat de cinq heures qui prit le nom de bataille de Borny, l'armée put reprendre son mouvement de retraite sans que l'ennemi songeât à l'attaquer.

Malgré cet avantage, les Prussiens avaient atteint leur but en retardant notre mouvement; nous avions perdu 3,608 hommes, dont 200 officiers et le général Decaen, nouveau commandant du 3ᵉ corps, l'un de nos meilleurs chefs.

Mais c'est dans la journée du 16 que perce le plus clairement le dessein bien arrêté dans l'esprit du maréchal de se débarrasser de l'empereur, dont la présence le gêne, et de se retirer vers Metz où il va retrouver une entière liberté d'action.

Dès l'aube, il est avec Napoléon III, dont il presse le départ avec une impatience fébrile; et, lorsque l'empereur s'est éloigné avec son fils, accompagné d'une formidable escorte, un soupir de soulagement s'échappe de sa poitrine, il n'est plus maître de sa joie et ne se donne pas la peine de la dissimuler.

Immédiatement les ordres de départ, si clairs, si précis, donnés la veille, sont contremandés; on fait retendre les tentes et reformer les bivouacs en attendant des ordres ultérieurs. On perd, avec connaissance de cause, un temps précieux.

A neuf heures et demie, la brigade de cavalerie du général Forton, chargée d'*éclairer* l'armée, est *surprise*, ses chevaux dessellés et contrainte à une retraite précipitée à travers le 2ᵒ corps.

Il n'entre point dans notre cadre de raconter la brillante et inutile victoire de Rezonville, qui pouvait, si le maréchal eût voulu en profiter, se tourner en un désastre pour les Prussiens qu'il rejetait en désordre sur la Moselle, et nous ouvrir de nouveau la route de Verdun.

Mais le maréchal Bazaine ne voulut point user de l'avantage qu'il venait de remporter, et lorsque la nuit eut mis fin au combat, les vainqueurs durent se retirer honteusement comme des fugitifs pour reprendre leurs campements de la veille.

Ce même jour, le maréchal Mac-Mahon expédiait au commandant en chef de l'armée du Rhin une dépêche dans laquelle il lui mandait *qu'il attendait ses ordres* à Bar-sur-Aube.

Le lendemain 17, les troupes s'attendaient à continuer leur route, elles reçurent au contraire l'ordre de se fortifier dans leurs positions et d'y tenir le plus longtemps possible. Le maréchal prétextait la nécessité d'opérer le ravitaillement de l'armée, bien qu'il eût à Plappeville des parcs de réserve et 500 voitures pleines de rations, de plus 4,000,000 de cartouches dans les magasins du chemin de fer.

Le commandant en chef annonçait, le 16 au soir, dans une dépêche adressée en double expédition à l'empereur et au ministre de la guerre, son intention de s'éloigner promptement de Metz en suivant la route de Briey.

Comment admettre la sincérité de cette dépêche, lorsque, d'autre part, le maréchal donne pour raison de son immobilité autour de Metz la nécessité de terminer les travaux de défense de cette place (1).

Ce même jour, tandis que l'armée frémissante regardait des hauteurs du mont Saint-Quentin les immenses renforts qui traversaient paisiblement la Moselle pour s'engager dans la vallée de la Mance, le maréchal Bazaine alla s'installer à Plappeville, insoucieux des événements qui allaient s'accomplir.

Le 18, les Prussiens, qui avaient mis à profit le temps que nous leur avions laissé, nous attaquent, en présence du roi et du général de Moltke. Que fit le maréchal dans cette journée désastreuse, qui pouvait se changer en une victoire? Rien. Il ne visita point ses troupes, ni leurs positions, ne prit aucune disposition de combat, ne parut point enfin sur le champ de bataille, et ne s'inquiéta que de protéger la ligne de retraite sur Metz.

La retraite s'opéra dans le plus grand désordre, et, le lendemain 19, la route de Briey était coupée, ainsi que la voie ferrée qui reliait Metz à Thionville, le télégraphe intercepté et l'investissement de Metz à peu près complet.

Dès lors le maréchal Bazaine vient établir son quartier général dans une belle résidence du Ban Saint-Martin, où il passe d'oisives journées, laissant les Prussiens fortifier tout à leur aise les fortes positions qu'il leur a cédées, bien résolu désormais à attendre sous la protection des forts de Metz le moment de donner suite à ses secrètes

(1) Voir le *Rapport sommaire* du maréchal Bazaine, aux pages 7 et 9.

ambitions, immobilisant ainsi la plus belle, peut-être la seule armée de la France !

Pourtant, à une dépêche de Mac-Mahon, qui lui annonce sa marche sur Montmédy et lui demande encore des ordres (1), le commandant en chef fait part au maréchal du projet qu'il a de le rejoindre en suivant la ligne des places du Nord.

En effet, après quelques jours de repos, l'armée reçoit, le 25 au soir, des ordres pour se diriger vers Thionville.

Elle part en effet le matin pour exécuter la sortie projetée. Mac-Mahon avait écrit au maréchal qu'il marchait à sa rencontre dans la direction de Montmédy ; chaque corps emmenait avec lui ses bagages, son personnel d'intendants et de payeurs : chacun crut cette fois au départ définitif de l'armée.

« De toutes les hypothèses, il en était une que le maréchal Mac Mahon n'avait pu faire, dit le colonel d'Andlau ; il n'avait pas pensé que le maréchal Bazaine, prévenu par lui, connaissant son mouvement, sachant qu'il venait, malgré le danger, lui porter secours, pourrait ne tenir aucun compte de cette importante nouvelle, la laisser ignorer à ses commandants de corps et s'appuyer plus tard de leurs avis pour ne pas quitter les remparts de Metz. C'est cependant ainsi que les choses se sont passées. »

En effet, un ouragan étant survenu, le maréchal Bazaine en conclut que le mouvement projeté est inexécutable, il réunit en conseil de guerre les principaux chefs de l'armée et leur avis est que *l'armée doit rester sous Metz* :

1° Pour donner à la France le temps d'organiser la résistance en retenant devant elle 200,000 ennemis, *sous la réserve formelle qu'on manœuvrerait vigoureusement autour de la place*;

2° Pour permettre à la place de terminer les forts et l'armement. Il fut reconnu *qu'elle ne* pourrait tenir plus de quinze jours sans la protection de l'armée.

A la suite de cette délibération, que l'on aurait dû prendre avant de commencer le mouvement, l'armée reçut l'ordre de reprendre ses campements.

Nous verrons plus tard ce que l'on entendit par *manœuvrer vigoureusement* autour de la place.

(1) Le maréchal Bazaine reçut cette dépêche le 23 ; elle lui fut apportée par un agent de police de Thionville.

Quant aux raisons tirées de la nécessité, pour Metz, de retenir l'armée autour de ses murs, elles n'existaient donc pas avant le 26, puisque l'on avait, disait-on, essayé de percer les lignes ennemies ; elles n'existaient donc plus que cinq jours plus tard, puisqu'on allait le tenter encore une fois, et avec aussi peu de succès.

Il est difficile de sortir de ce dilemne.

Cependant le maréchal, instruit du mauvais effet produit dans l'armée par la fausse sortie du 26, se résout à faire une nouvelle tentative, et donne alors connaissance de la dépêche qu'il a reçue de Mac-Mahon le 23 et tenue secrète. Il prétend seulement l'avoir reçue le 30 (1), et ordonne une sortie générale pour le lendemain, sans modifier en rien le plan d'attaque du 26, de façon à ce que l'ennemi fut instruit par avance des mouvements de l'armée.

La journée du 26 avait été en quelque sorte la répétition générale de la sanglante comédie du 31.

Le mouvement est commencé à la pointe du jour ; l'ennemi abandonne, sans résistance, la plupart de ses positions que le maréchal, fort désireux sans doute du succès de l'entreprise, néglige de faire occuper, lorsque, plusieurs heures après, les Prussiens étant revenus en force, il nous faudra perdre tant d'hommes pour nous en emparer.

L'attaque n'a lieu que vers quatre heures du soir, sur un signal donné par l'ordre du maréchal, après une journée perdue au profit de l'ennemi. Néanmoins nos troupes enlèvent brillamment les positions désignées, lorsqu'elles sont abandonnées par leur commandant en chef, qui, sans laisser un ordre, reprend silencieusement la route de Saint-Julien où il a établi son quartier général.

La nuit interrompit le combat, et nos soldats bivouaquèrent sur le terrain conquis, tandis que l'ennemi, forçant sa marche et servi par l'obscurité, amenait des renforts considérables et reprenait l'offensive en s'emparant de Servigny insuffisamment occupé.

A la pointe du jour, le 1er septembre, l'ennemi dirige un feu terrible d'artillerie sur nos troupes, qui, sans ordre, toujours combattant, résistent jusqu'à neuf heures du matin, et, voyant que l'on ne veut rien faire et que l'on ne s'occupe point d'elles, se replient lentement et en bon ordre.

(1) Des témoins ont fourni la preuve que le maréchal Bazaine avait reçu cette dépêche le 23.

Le maréchal, toujours à Saint-Julien, c'est-à-dire à plusieurs kilometres de l'action, feignit un certain mécontentement à la nouvelle de ce mouvement rétrograde, qui cadrait si bien avec ses intentions secrètes, et se contenta de faire reprendre à l'armée ses campements.

Ce même jour, l'armée de Mac-Mahon était écrasée à Sedan et le maréchal Bazaine débarrassé d'un rival !

Ce fut la dernière grande bataille livrée par cette admirable armée de Metz qui n'a pas un seul jour connu les défaillances et que, seul, son commandant en chef osa calomnier.

A partir de ce moment, les troupes sont plongées dans une inaction démoralisante, dont on ne les sort que pour leur faire exécuter quelques expéditions sans importance, plutôt pour empêcher le mécontentement de se montrer trop vivement que dans un but sérieux d'utilité. Cependant l'armée compte 173,000 rationnaires, sur lesquels 150,000 hommes encore pleins de vie et d'ardeur. L'armée qui nous entoure n'est guère numériquement plus forte. On pourrait, comme on l'a promis, *manœuvrer vigoureusement* autour de la place ; mais le maréchal, qui, sans doute, a d'autres projets, joignant la calomnie à la trahison, se contente de répondre à ceux qui le pressent d'agir : *A quoi bon ? l'armée ne tient pas.*

C'est, en effet, à partir des premiers jours de septembre que commence cette période de négociations qui allait aboutir à la double capitulation de Metz et de l'armée. C'est également à partir de cette époque que la question des subsistances, secondaire au début de la campagne, va acquérir une importance de premier ordre.

Le 7, un officier de l'état-major général envoyé en parlementaire, rapporte du camp ennemi la nouvelle du désastre de Sedan, du départ de l'impératrice, de la défection du ministère et de la constitution du *gouvernement de la défense nationale*, dont la présidence est confiée au général Trochu, son rival.

Ces nouvelles furent confirmées le lendemain par huit cents prisonniers de l'armée de Mac-Mahon que nous échangeâmes contre un nombre égal de prisonniers allemands.

A partir de ce moment, le maréchal Bazaine, qui a commencé par trahir l'empire au profit de son ambition personnelle, ne songe plus, en haine du nouveau gouvernement, qu'à se rattacher à l'ombre de cet empire à la perte duquel il a si puissamment contribué.

Quelques jours après, un M. Debains, attaché au quartier général en qualité d'historiographe (?) demande aux autorités prussiennes l'autorisation de franchir les lignes ennemies. Il est poliment éconduit et revient au Ban-Saint-Martin, non sans rapporter de la situation intérieure de la France des nouvelles aussi douloureuses que mensongères, et que, sans avoir égard à leur source, le maréchal Bazaine se hâte de porter à la connaissance de l'armée. (1)

Le 14 décembre, il envoie à Frédéric-Charles une lettre par le colonel Napoléon Boyer, qui allait jouer un si triste rôle ; dans cette lettre, il priait le prince de le tenir au courant des faits qui se passaient à l'intérieur de la France. Il reçoit en échange une réponse aimable de Frédéric-Charles, qui confirme, en les aggravant, les nouvelles précédemment reçues. (2)

Le 23, un nommé Régnier, se disant envoyé par l'impératrice, mais évidemment agent direct du comte de Bismarck, se présente aux avant-postes français, sous le couvert de la société internationale de secours aux blessés.

Il fait entrevoir au maréchal, dont les Prussiens ont deviné l'ambition secrète, un projet de restauration bonapartiste, avec l'aide de son armée intacte et l'assentiment de la Prusse. Quel beau rôle pour son ambition ! restaurateur tout puissant d'un monarque vieilli et dépopularisé ; et, dans le cas probable d'une régence confiée à une femme étrangère, la tête et l'épée du nouveau gouvernement.

Sur la simple parole de M. Régnier, le maréchal, d'ordinaire inaccessible, s'ouvre entièrement à lui, dans une conversation qui dure une journée tout entière, et il l'envoie pour ainsi dire en négociateur au camp prussien. Celui-ci en revient le 24 ; il a avec le maréchal un nouvel entretien, dont la conséquence est le départ du général Bourbaki pour l'Angleterre. On sait la suite. Le maréchal avait été trompé par un vulgaire agent auquel l'ex-impératrice

(1) Le commandant d'une place de guerre doit rester sourd aux bruits répandus par la malveillance et aux nouvelles que l'ennemi lui ferait parvenir, résister à toutes les insinuations et ne pas souffrir que son courage, ni celui de la garnison qu'il commande, soient ébranlés par les événements (art. 255 du *décret sur le service dans les places de guerre*).

(2) Le commandant supérieur a le moins de communications possible avec l'ennemi, il n'en tolère aucune (art. 256 du *décre sur le service dans les places de guerre*).

n'avait confié aucune mission, et le général Bourbaki ne put retourner à Metz.

Les Prussiens, instruits par les indiscrétions du maréchal de la véritable détresse de l'armée, se montrèrent en cette occasion aussi rusés diplomates qu'ils avaient été habiles tacticiens : ils jouèrent avec notre commandant en chef comme le chat avec la souris.

La lettre indignée du général Bourbaki, lorsqu'elle lui fut transmise, aurait dû l'éclairer sur l'intrigue dont il avait été la dupe, — nous ne voulons pas dire le complice ; néanmoins, il s'entête dans ses projets de négociations auxquels l'ennemi se prête avec une facilité qui eût ouvert les yeux au moins clairvoyant.

Nous étions aux premiers jours d'octobre ; l'armée, vigoureusement conduite, était encore en état de tenter un effort suprême et de percer les lignes ennemies. Les Prussiens le savaient, ils craignaient la furie impétueuse de nos soldats décuplée par le désespoir et pensaient, en temporisant, voir tomber en leurs mains, sans coup férir, et la ville et l'armée. Leurs prévisions n'étaient que trop justes.

Le 10 octobre, le maréchal convoque à huit heures du matin les commandants de corps et les chefs de service en un conseil dont les décisions furent ainsi résumées au procès-verbal :

1° On tiendra à Metz le plus longtemps possible ;

2° On ne fera pas d'opérations autour de la place, le but à atteindre étant plus qu'improbable ;

3° Des pourparlers seront engagés avec l'ennemi dans un délai qui ne dépassera pas quarante-huit heures, afin de conclure une convention honorable et acceptable pour tous ;

4° Dans le cas où l'ennemi voudrait imposer des conditions incompatibles avec notre honneur et le sentiment du devoir militaire, on tentera de se frayer un passage les armes à la main.

Le général Boyer, aide de camp du maréchal, fut, sur sa proposition, accepté comme négociateur, et l'autorisation fut demandée pour lui d'aller à Versailles.

Dès lors les Prussiens tenaient leur proie. On connaît les lenteurs calculées du voyage du général Boyer, dont chaque heure abrégeait notre résistance; son récit lamentable sur la situation intérieure de la France, récit dont la

matière ne lui avait été fournie que par nos ennemis (1).
La réponse qu'il apportait de Versailles était loin d'être
satisfaisante, une résolution énergique pouvait encore
être prise, point ; après des discussions assez aigres entre
le maréchal et les principaux chefs de l'armée, dont quelques-uns commencent à s'apercevoir où on les mène, le
général Boyer, qui n'a point perdu assez de temps encore,
est envoyé cette fois en mission auprès de l'impératrice
sous le prétexte que : *l'armée doit rester en dehors de toute
négociation politique*, dit le *Rapport sommaire* du maréchal. Certes, de la part du chef qui, depuis six semaines,
oubliait son devoir dans de telles intrigues, le trait est de
bon goût et mérite d'être relevé.

Nous étions à peu près au bout de nos vivres, l'ennemi
ne l'ignorait point car on le lui avait fait savoir assez souvent, — lorsque le maréchal reçoit du prince Frédéric-Charles la nouvelle que l'impératrice se refuse à toute
espèce de transaction, que les négociations sont, par
ce fait, rompues et que la question doit être résolue militairement.

Tel fut le résultat des négociations du maréchal Bazaine ! Une place de premier ordre, la clef de la France,
150,000 soldats de nos meilleures troupes, plus de mille
pièces d'artillerie, des armes par centaines de mille,
d'immenses munitions, des drapeaux, tout fut livré à
l'ennemi sans que Metz eût reçu l'honneur d'un boulet,
sans qu'une cartouche eût été brûlé pour sa défense (2).

Nous ne parlerons point des termes de la capitulation
dans laquelle le maréchal préféra conserver ses bagages
que faire rendre les honneurs militaires à son armée, une
telle discussion dépasserait les limites que notre cadre
nous impose. Il nous reste à examiner la question des
subsistances, la plus grave, puisqu'elle décida notre
perte.

(1) Voir plus haut la citation de l'art. 255 du décret du 13 octobre 1863.

(2) Le commandant d'une place de guerre ne doit pas oublier
que les lois militaires condamnent à la peine de mort, avec
dégradation militaire, le commandant d'une place de guerre qui
capitule sans avoir forcé l'ennemi à passer par les travaux lents
et successifs d'un siége, et avant d'avoir repoussé au moins un
assaut au corps de la place sur des brèches praticables (art. 255
du décret du 18 octobre 1863).

L'art. 244 du décret du 13 octobre 1863 établit nette-
ment les devoirs du général commandant une armée,
dans l'arrondissement duquel une place en état de guerre
se trouve comprise.

Il ne doit toucher aux munitions de guerre et de
bouche, formant l'approvisionnement de la place, que
dans le cas d'absolue nécessité et d'extrême urgence ; il
les fait remplacer le plus tôt possible. Si la place est *me-
nacée* d'un siége, il doit compléter les approvisionnements par tous les moyens en son pouvoir.

Comptant s'immobiliser à Metz, qu'a fait le maréchal
Bazaine pour assurer l'existence de ses 173,000 rationnaires et celle de la garnison et des habitants d'un des
principaux boulevards de la France ? Rien. A-t-il pris
une seule des mesures indiquées par le susdit décret?
Aucune.

Pour couvrir sa responsabilité, le maréchal Bazaine, il
est vrai, accuse les autorités civiles et militaires de Metz
de n'avoir pas pris ces dispositions réglementaires. Im-
prudente accusation ! car le maréchal savait bien que
l'article 244 le rendait personnellement responsable de
l'approvisionnement de la place.

Les campagnes environnantes regorgeaient de céréales
et de fourrages ; sauf quelques expéditions sans importance, entreprises dans les derniers temps du blocus,
il les a laissé piller et brûler par les Prussiens, malgré
les avis réitérés qui lui furent donnés pour les faire ren-
trer en ville.

La ville renfermait d'énormes approvisionnements, il
les a laissé gaspiller à plaisir pendant plus d'un mois, et
l'on a pu voir, pendant tout le temps du siége, l'armée
affluer dans Metz, envahir les marchés, les magasins,
épuisant sans nécessité les approvisionnements, causant
une hausse considérable sur le prix des denrées. Partout
l'incurie, le gâchis le plus effroyable. Ce n'est que fort
tard que les rationnements furent faits, et, sur les in-
stances réitérées de l'intendance, encore furent-ils opérés
si maladroitement et avec si peu de gradation que l'armée
passa pour ainsi dire brusquement de l'extrême abon-
dance aux plus grandes privations. Des perquisitions
furent ordonnées et amenèrent la découverte d'approvisionnements assez nombreux ; spontanément les déten-
teurs de vivres en firent la déclaration; on ne se donna
même pas la peine d'en prendre livraison.

Jamais le maréchal n'a parlé aux troupes, jamais il n'a
visité une ambulance, alors que les nobles femmes de
Metz se multipliaient auprès de nos blessés. Toujours
renfermé dans sa belle villa du Ban-Saint-Martin, il ne

s'inquiétait que d'une chose, c'est que la presse fût bâillonnée.

Avant de livrer son armée, il avait fait répandre, dans les camps, le bruit que les soldats seraient renvoyés dans leurs foyers ; ce ne fut que peu de jours avant la capitulation que les officiers supérieurs reçurent pour mot d'ordre d'*habituer les soldats à l'idée d'aller en Allemagne*.

Enfin, le 27, l'intendant en chef arrive tout heureux annoncer au maréchal qu'il a retrouvé pour huit jours de vivres, sans compter les 13,000 chevaux qui restaient.

— Et que voulez-vous que cela me fasse, monsieur l'intendant, répondit le commandant en chef, vous auriez des vivres pour quinze jours que cela ne changerait rien à la situation ; les pourparlers sont engagés, il faut en finir de suite et nous en aller.

Or, sait-on ce que la résistance de Metz, prolongée de *huit jours*, eût amené ?

Le 31 octobre, surlendemain de la capitulation, l'armée du prince Frédéric-Charles commence son mouvement pour se porter contre notre armée de la Loire, et n'a pu se trouver en ligne que le 25 novembre, *huit jours* de plus, et le général prussien n'arrivait plus à temps pour empêcher le général d'Aurelles de compléter sa victoire de Coulmiers, en marchant sur Paris, dont il eût fait lever le siège.

« Le commandant d'une place de guerre, dit le décret de 1863 (art. 255), ne doit jamais perdre de vue qu'il défend un des boulevards de l'empire, l'un des points d'appui de ses armées et que de *la reddition d'une place*, AVANCÉE OU RETARDÉE D'UN SEUL JOUR, peut dépendre le salut du pays ! »

Point n'était besoin d'être *un grand homme de guerre* pour comprendre son devoir à cette heure suprême ; il suffisait d'exécuter le règlement au pied de la lettre. Point n'est besoin de la publication des séances du conseil d'enquête pour acquérir la certitude que le maréchal Bazaine, commandant en chef de l'armée du Rhin, a, par des manœuvres coupables, par désobéissance aux règlements les plus précis, perdu l'armée qu'il commandait, la place qu'il était censé protéger et le pays qu'il devait défendre.

En conséquence, il est passible des peines édictées par le Code militaire, auquel nous renvoyons le lecteur, curieux de savoir comment les lois punissent un maréchal de France, qui trahit sa patrie.

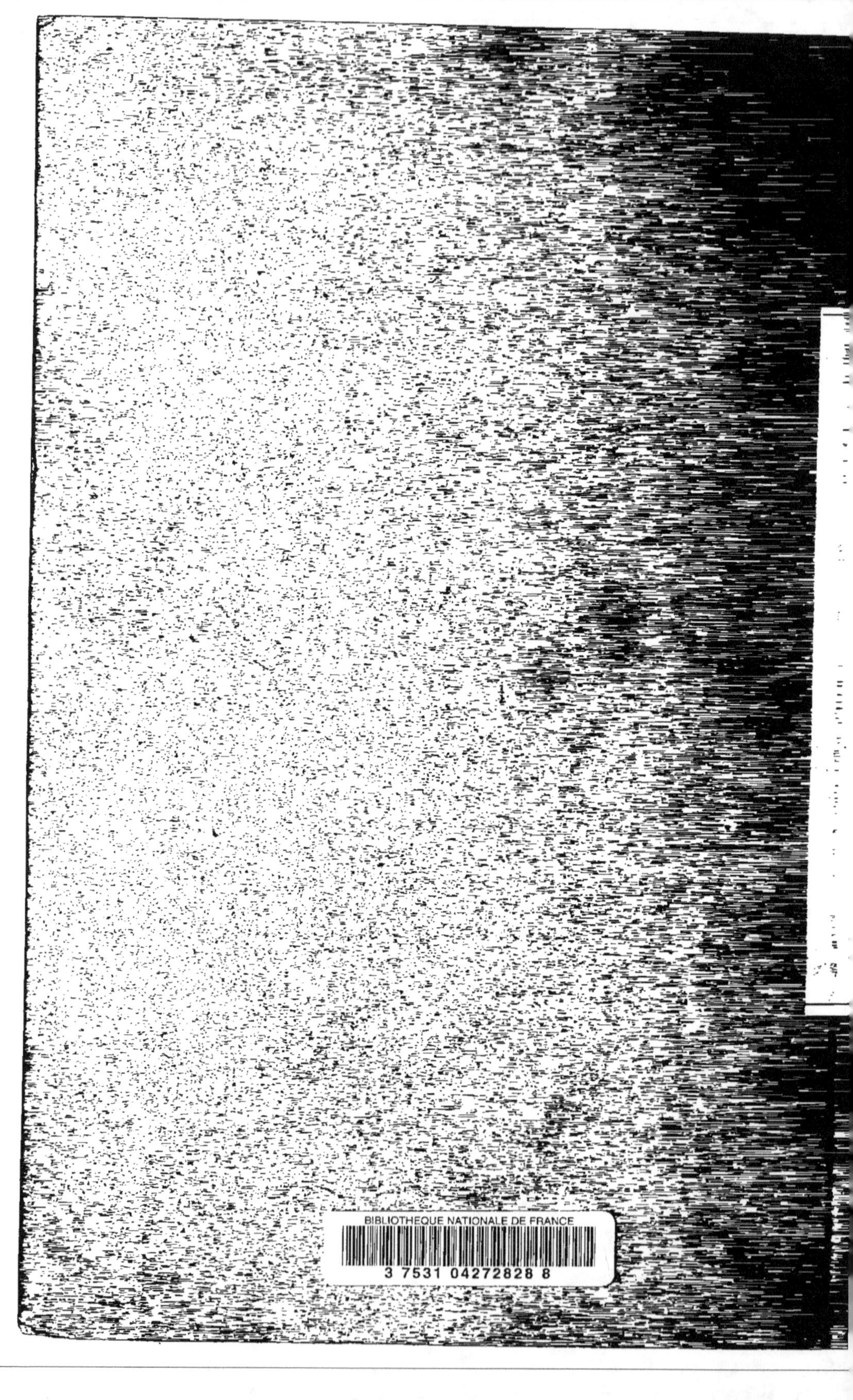

www.ingramcontent.com/pod-product-compliance
Lightning Source LLC
LaVergne TN
LVHW021742030726
842523LV00003B/870